BUXUS®
EDITION

Rosa Parks als ältere Frau

Bettina Mikhail

Rosa Parks: Eine Frau mit Mut
In Leichter Sprache

Mit Hör·buch

BUXUS®
EDITION

Fritz Bauer Bibliothek für Erinnerung und Menschenrechte - In Leichter Sprache
Band 1: Rosa Parks: Eine Frau mit Mut

Bibliografische Informationen der Deutschen Nationalbibliothek:

Die Deutsche Nationalbibliothek verzeichnet diese Publikation in der Deutschen Nationalbibliografie. Detaillierte bibliografische Daten im Internet unter: http://dnb.dnb.de abrufbar.

Die in diesem Buch verwendete Leichte Sprache folgt den wissenschaftlichen Empfehlungen des Dudens Leichte Sprache.

München 1. Auflage 2018

www.buxus-stiftung.de

Umschlag und Buchgestaltung: Martin Markwort, Braunschweig
Umschlagfoto: Rosa Parks und Dr. Martin Luther King Jr. um 1955
© picture alliance / PictureLux / The Hollywood Archive

ISBN 978-3-981-76142-9

Rosa Parks hat gesagt:

So soll man sich an mich erinnern:

Ich wollte ein freier Mensch sein.
Und meine Freiheit
sollte andere Menschen auch frei machen.

Liebe Leserin,
Lieber Leser,

dieses Buch ist in Leichter Sprache.
So kann man das Buch gut lesen.

Leichte Sprache benutzt kurze Sätze.
Zum Beispiel steht im Buch:

Rosa hat Freunde.

Im Buch steht **nicht**:

Rosa hat Freunde und Freundinnen.

Im Buch steht nur das Wort Freunde.
Dann ist der Satz kürzer.
Dann kann man den Satz besser lesen.
Aber man meint damit **nicht** nur Männer.
Man meint damit auch Frauen.

Manche Wörter im Buch sind **blau**.
Das sind meistens englische Wörter.
Sie finden die Erklärung von den Wörtern im Text.

Wer hat das Buch gemacht?
Das lesen Sie ab Seite 70.
Dort gibt es auch Internet·adressen.
Bitte beachten Sie:
Die Informationen auf den Internet·seiten
sind meistens **nicht** in Leichter Sprache.

Wie können Sie das Hör·buch hören?
Das lesen Sie auf Seite 79.

In dem Buch geht es um Rosa Parks.
Rosa Parks war eine Frau mit Mut.
Rosa Parks hat in Amerika gelebt.

Das Buch erzählt die Geschichte von Rosa Parks.
Es ist eine wahre Geschichte.
Das heißt:
Die Geschichte ist wirklich passiert.

Worum geht es in dem Buch?

Bus·fahren

Fahren Sie manchmal mit dem Bus?
Dann kennen Sie das bestimmt:

Sie steigen ein.
Sie suchen einen Platz.
Sie setzen sich hin.

Manchmal sind viele Menschen im Bus.
Und alle Plätze sind besetzt.
Dann müssen Sie stehen.

Vielleicht ist später wieder ein Platz frei.
Dann können Sie sich hinsetzen.
Sie können sich den Platz aussuchen:

Sie können sich vorne in den Bus setzen.
Oder hinten.
Oder in die Mitte.

Das ist Ihr Recht:
Sie können sich im Bus einen Platz aussuchen.

Das ist so in Deutschland.
Das ist auch so in den USA.
USA heißt:
Vereinigte Staaten von Amerika.
Oder kurz: Amerika.
In Amerika war das aber **nicht** immer so.
Da durfte sich **nicht** jeder den Platz aussuchen.

Davon erzählt die Geschichte in diesem Buch.
Es ist eine wahre Geschichte.
Die Geschichte ist damals in Amerika passiert.

Menschen·rechte

In der Geschichte geht es um Menschen·rechte.

Es gibt viele Menschen·rechte.
Zum Beispiel:

- Alle Menschen haben das Recht zu leben.
- Frauen haben die gleichen Rechte wie Männer.
- Jeder hat das Recht auf eine Wohnung.

Menschen sind verschieden.
Aber jeder Mensch hat diese Rechte.
Deshalb heißen die Rechte Menschen·rechte.
Die Menschen·rechte sind für alle gleich.
Zum Beispiel:

- für Menschen mit heller Haut
- für Menschen mit dunkler Haut
- für Menschen mit Behinderung
- für Menschen **ohne** Behinderung

Gleiche Rechte für alle:
Das soll auf der ganzen Welt so sein.
Das steht in vielen Papieren.
Aber das ist **nicht** immer so.
Und das war auch früher **nicht** immer so.
Zum Beispiel: in Amerika.

In Amerika war das damals so:
Menschen mit heller Haut hatten mehr Rechte.
Menschen mit dunkler Haut hatten weniger Rechte.

Menschen mit dunkler Haut durften **nicht** alles tun.
Zum Beispiel:

Im Bus vorne sitzen.
Das durften Menschen mit dunkler Haut **nicht**.

Rosa Parks

In der Geschichte geht es um eine Frau.
Der Name von der Frau war Rosa Parks.

Rosa hat in Amerika gelebt.
Rosa hat in der Stadt **Montgomery** gewohnt.
Das spricht man so: **Mont-gome-ri**.

Rosa war Schneiderin.
Das heißt:
Rosa hat für andere Leute Kleidung genäht.

Auf dem Foto rechts sehen Sie Rosa.

Rosa als junge Frau

Rosa hatte eine dunkle Haut.
Deshalb durfte Rosa **nicht** alles tun.
Zum Beispiel:
Rosa durfte im Bus **nicht** vorne sitzen.

Rosa hat sich darüber geärgert.
Rosa wollte gleiche Rechte für alle.
Dafür hat Rosa etwas getan.
Rosa war eine Frau mit Mut.
Mut haben heißt:
Man möchte etwas tun.
Doch man hat auch Angst davor.
Man tut es trotzdem?
Dann hat man Mut.

Was hat Rosa getan?
Davon erzählt die Geschichte.

Hier fängt die Geschichte von Rosa Parks an

Amerika

Es ist schon sehr lange her.
Rosa war noch **nicht** geboren.
Da sind See·fahrer nach Amerika gefahren.
Die See·fahrer waren aus Europa.

Sie sehen Europa und Amerika auf der Land·karte rechts.

Ein großes Meer liegt zwischen Europa und Amerika.
Deshalb sind die See·fahrer mit dem Schiff gefahren.
Amerika hat den See·fahrern gefallen.
Später sind die See·fahrer wieder zurück gefahren.

Die See·fahrer haben zuhause von Amerika erzählt.
Viele Menschen wollten auch nach Amerika.
Die Menschen wollten in Amerika leben.
Und die Menschen wollten in Amerika Geld verdienen.
Deshalb sind viele Menschen nach Amerika gefahren.

Europa und Amerika auf der Land·karte

Amerika und Afrika

Die Menschen haben viel gearbeitet in Amerika.
Einige Menschen haben viel Geld verdient.
Diese Menschen waren dann reich.

Einige Reiche wollten **nicht** mehr selber arbeiten.
Andere Menschen sollten die Arbeit machen.
Die Reichen haben überlegt:
Wer kann die Arbeit machen?
Menschen aus Afrika sollten die Arbeit machen.

Ein großes Meer liegt zwischen Amerika und Afrika.
Auch nach Afrika musste man mit dem Schiff fahren.

Sie sehen Amerika und Afrika auf der Land·karte rechts.

Amerika und Afrika auf der Land·karte

Menschen·jagd

Einige Reiche haben Schiffe nach Afrika geschickt.
Auf den Schiffen waren Menschen·jäger.
Die Menschen·jäger sollten Menschen aus Afrika holen.
Dafür haben die Menschen·jäger Geld bekommen.

Das haben die Menschen·jäger in Afrika gemacht:

- Menschen gejagt
- Menschen gefesselt
- Menschen auf die Schiffe gebracht

Auf dem Foto rechts sehen Sie
Menschen aus Afrika auf einem Schiff.

Die Schiffe sind zurück nach Amerika gefahren.
Man hat die Menschen auf den Schiffen gequält.
Viele Menschen sind

- verdurstet
- verhungert
- an Krankheiten gestorben

Menschen aus Afrika auf einem Schiff

Menschen·handel

Viele Menschen aus Afrika haben aber die Fahrt trotzdem überlebt.

In Amerika hat man die Menschen aus Afrika verkauft.
Man nennt das Menschen·handel.
Das war wie auf einem Vieh·markt.
Einige Reiche haben die Menschen aus Afrika gekauft.

Die Menschen aus Afrika waren nun Sklaven.

> Sklaven zwingt man zum Arbeiten.
> Sklaven bekommen dafür **kein** Geld.

Die Sklaven mussten für die Reichen arbeiten.

Schwarze und Weiße

Die Sklaven aus Afrika hatten eine dunkle Haut.
Man nennt Menschen mit dunkler Haut
schwarze Menschen.
Man sagt auch: Schwarze.

In Amerika waren viele Menschen mit heller Haut.
Man nennt Menschen mit heller Haut
weiße Menschen.
Man sagt auch: Weiße.

Schwarze in Amerika

So ist es mit den Schwarzen in Amerika
weiter gegangen:

Es hat in Amerika einen Krieg gegeben.
Die Schwarzen sollten nach dem Krieg
freie Menschen sein.
Die Schwarzen sollten **keine** Sklaven mehr sein.

Die Schwarzen waren dann wirklich frei.
Aber man hat die Schwarzen weiter schlecht behandelt.
Zum Beispiel:

- Die Schwarzen mussten die schwere Arbeit tun.
- Die Schwarzen haben wenig Geld verdient.
- Viele Weiße haben Schwarze beschimpft.

Rassen·trennung

Weiße wollten **nicht** zusammen mit Schwarzen leben.

Deshalb hat es Schulen für Weiße gegeben.
Und Schulen für Schwarze.

Es hat Hotels für Weiße gegeben.
Und Hotels für Schwarze.

Es hat Toiletten für Weiße gegeben.
Und Toiletten für Schwarze.

Es hat Park·bänke für Weiße gegeben.
Und Park·bänke für Schwarze.

Man nennt das Rassen·trennung.

Rassen·trennung ist **kein** gutes Wort.
Bei den Menschen gibt es nämlich **keine** Rassen.
Weiße in Amerika haben aber gesagt:
Rassen gibt es auch bei den Menschen.

Und die Weißen haben gesagt:
Weiße sind eine Rasse.
Und Schwarze sind eine andere Rasse.
Das ist aber falsch.

Weiße in Amerika haben auch gesagt:
Weiße sind besser als Schwarze.
Das ist auch falsch.
Weiße sind **nicht** besser als Schwarze.
Wir sind alle Menschen.
Die Haut·farbe ist egal.

Rassen·trennung im Bus

Rassen·trennung hat es auch im Bus gegeben.
So war die Rassen·trennung im Bus:

Vorne im Bus waren Plätze nur für Weiße.
Hinten im Bus waren Plätze nur für Schwarze.
Vorne im Bus haben sich alle eine Fahr·karte gekauft.
Die Weißen durften sich dann vorne hinsetzen.
Die Schwarzen mussten erst wieder aussteigen.
Und die Schwarzen mussten hinten wieder einsteigen.

Die Schwarzen durften auch in der Mitte sitzen.
Aber oft ist das passiert:

In der Mitte haben Schwarze gesessen.
Dann ist ein Weißer gekommen.
Der Weiße wollte sich in die Mitte setzen.
Der Weiße hat nur 1 Platz gebraucht.
Aber alle Schwarzen in der Reihe mussten aufstehen.

Der Weiße wollte nämlich **nicht** neben Schwarzen sitzen.

Auf dem Bild rechts sehen Sie das genauer.
Das ist nämlich wichtig für die Geschichte von Rosa.

Auf dem Bild sehen Sie einen Bus von oben.
Vorne links hat der Bus·fahrer gesessen.

Vorne waren die Plätze nur für die Weißen.
Die Plätze vorne sind auf dem Bild weiß.

Hinten waren die Plätze nur für die Schwarzen.
Die Plätze hinten sind auf dem Bild schwarz.

In der Mitte hat es mehrere Reihen gegeben:

- immer 2 Plätze links am Fenster
- und 2 Plätze rechts am Fenster

Eine Reihe in der Mitte hatte also 4 Plätze.

Die Plätze in der Mitte sind auf dem Bild schwarz-weiß.
Wollte sich 1 Weißer da hinsetzen?
Dann mussten 4 Schwarze aufstehen.

Die Sitz·plätze im Bus

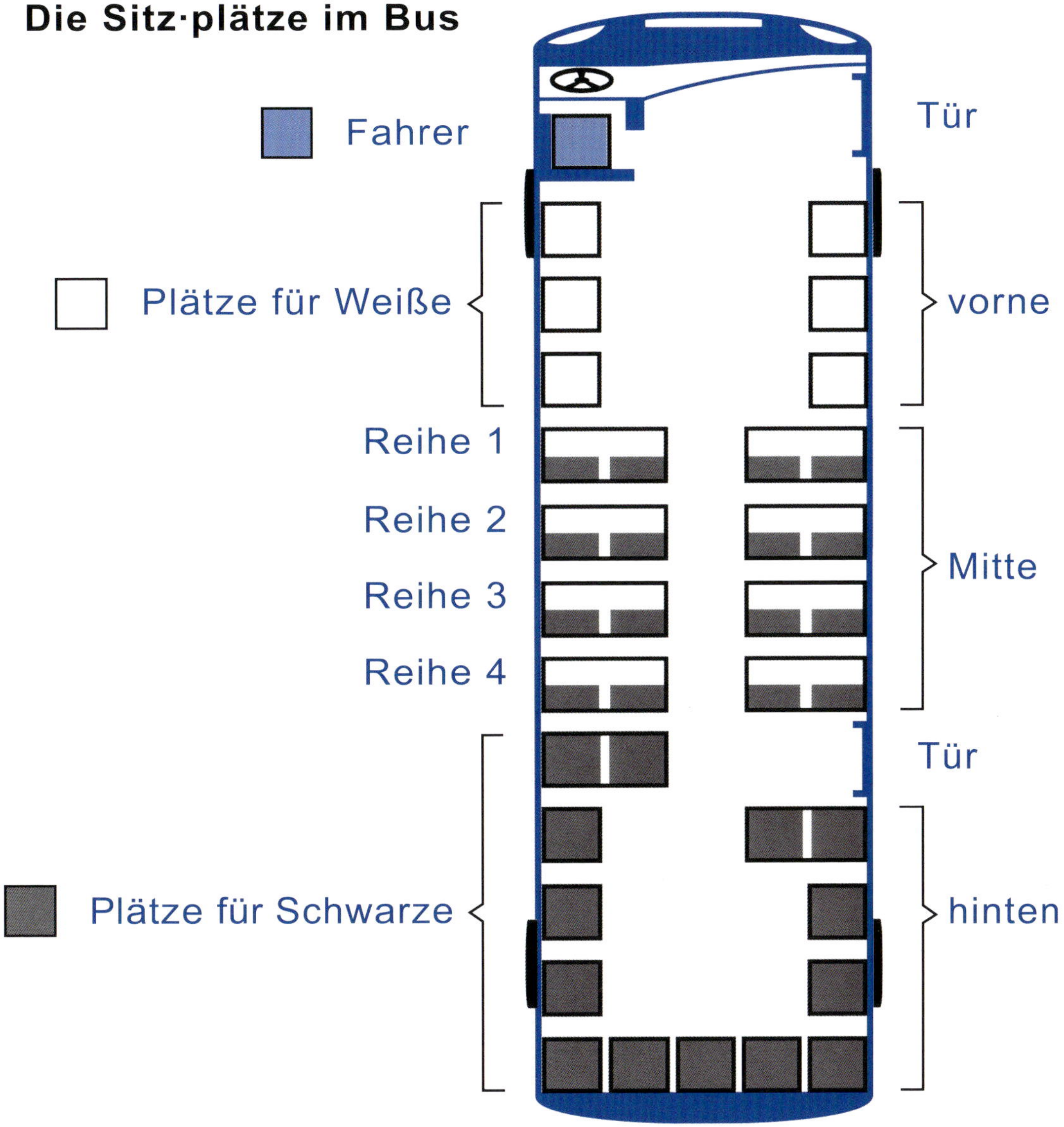

Rosa ist oft mit dem Bus gefahren.
Auf dem Foto rechts sehen Sie Rosa in einem Bus.

Rosa war ein freier Mensch.
Trotzdem durfte Rosa **nicht** alles tun.
Zum Beispiel:
Im Bus vorne sitzen.
Rosa war ja eine Schwarze.

Rosa in einem Bus

Viele Schwarze fahren Bus

Die Weißen hatten mehr Geld als die Schwarzen.
Deshalb konnten die Weißen Autos kaufen.
Viele Weiße sind lieber mit dem Auto gefahren.

Die Schwarzen hatten weniger Geld.
Deshalb sind viele Schwarze mit dem Bus gefahren.
Der Bus war oft sehr voll.
Oft waren **nicht** genug Plätze für die Schwarzen da.
Dann mussten viele Schwarze stehen.

Die Plätze für Weiße waren manchmal noch frei.
Aber die Schwarzen durften dort **nicht** sitzen.

Die Schwarzen waren darüber sehr zornig.
Die Schwarzen wollten auch vorne sitzen.
Und die Schwarzen wollten **nicht** für Weiße aufstehen.

Die Schwarzen wollten etwas dagegen tun.

Vereine

Manche Schwarze haben sich in Gruppen getroffen.
Man nennt die Gruppen: Vereine.

Das wollten die Vereine:

Die Rassen·trennung soll aufhören.
Man soll alle Menschen gleich behandeln.

Rosa wollte auch was gegen Rassen·trennung tun.
Deshalb hat Rosa in einem Verein mitgearbeitet.
Rosa hat im Verein als Sekretärin gearbeitet.

Und dann hat Rosa etwas Besonderes gemacht.

Rosa bleibt sitzen

Was hat Rosa gemacht?

Die Geschichte ist im Jahr 1955 passiert.
So ist die Geschichte passiert:

Wir sind im Jahr 1955.
Rosa kommt von der Arbeit.
Rosa steigt in einen Bus.

Auf dem Foto rechts sehen Sie einen Bus
in der Stadt **Montgomery**.

Das spricht man so: **Mont-gome-ri**.

Ein Bus in der Stadt Montgomery

Rosa steigt also in einen Bus ein.

Vorne sitzen Weiße.
Hinten sitzen überall Schwarze.
Auch in der Mitte sitzen Schwarze.
Aber 1 Platz in der Mitte ist frei.
Rosa setzt sich auf den freien Platz.

Da geht die Tür vom Bus auf.
Eine weiße Frau kommt in den Bus.
Die weiße Frau will sich in die Mitte setzen.

Jetzt müssen 4 Schwarze von der Reihe aufstehen.
Die weiße Frau braucht nur 1 Platz.
Aber alle 4 Schwarzen müssen aufstehen.
Die 3 Schwarzen neben Rosa stehen sofort auf.
Aber Rosa bleibt sitzen.

Rosa denkt:

Die Frau braucht nur 1 Platz.
Jetzt sind 3 Plätze frei.
Ich bleibe sitzen.

Rosa hat etwas Angst.
Rosa denkt:

Wirft mich der Fahrer jetzt raus?
Oder verprügelt man mich?
Das ist anderen Schwarzen schon passiert.

Rosa bleibt trotzdem sitzen.

Der Bus·fahrer sagt zu Rosa:

Stehen Sie auf.

Doch Rosa bleibt sitzen.

Da sagt der Bus·fahrer:
    Ich hole die Polizei.

Das macht der Bus·fahrer wirklich.

Die Polizei sagt zu Rosa:
    Stehen Sie auf.

Aber Rosa bleibt trotzdem sitzen.

Die Polizei verhaftet Rosa.
Und die Polizei bringt Rosa ins Gefängnis.

Rosa muss eine Geld·strafe zahlen.
Dann ist Rosa wieder frei.

Auf dem Foto rechts sehen Sie Rosa im Gefängnis.

Rosa im Gefängnis mit einem Polizisten

Die Freunde von Rosa

Die Geschichte geht noch weiter.
So geht die Geschichte weiter:

Rosa hat Freunde.
Es sind die Freunde vom Verein.

Die Freunde sind zornig über den Bus·fahrer.
Und die Freunde sind zornig über die Polizei.

Die Freunde vom Verein wollen den Weißen zeigen:

> Man muss Schwarze genauso gut behandeln wie Weiße.
> Die Haut·farbe ist egal.
> Wir sind alle Menschen.
> Die Rassen·trennung soll deshalb aufhören.
> Dafür soll die Regierung das Gesetz ändern.

Flug·blätter

Die Freunde von Rosa haben eine Idee:
Die Schwarzen sollen sich wehren.

Die Freunde von Rosa machen deshalb Flug·blätter.
Flug·blätter sind Zettel.
Die Zettel verteilt man an viele Menschen.
Die Zettel sind für die Schwarzen von Montgomery.

Die Freunde von Rosa schreiben auf die Zettel:

> Die Rassen·trennung soll aufhören.
> Fahren Sie nicht mehr mit dem Bus.
> Dann verdienen die Bus·unternehmen
> **kein** Geld mehr.

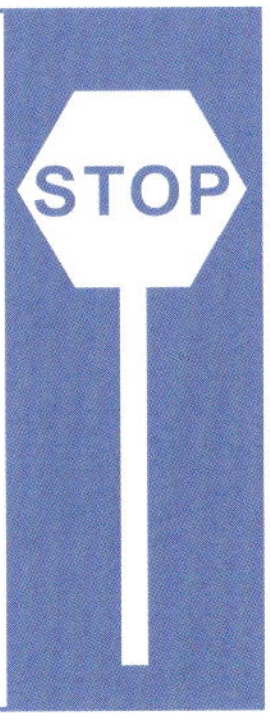

So bekommen die Schwarzen die Zettel:

- auf der Straße
- in die Brief·kästen

Die Schwarzen gehen zu Fuß

Die meisten Schwarzen finden die Idee sehr gut.
Und die meisten Schwarzen machen mit.

Am nächsten Tag gehen viele Schwarze zu Fuß.
Oder die Schwarzen fahren mit dem Rad.
Die Schwarzen fahren **nicht** mehr Bus.

Die meisten Schwarzen müssen weit zur Arbeit laufen.
Das dauert sehr lange.
Aber die Schwarzen gehen trotzdem zu Fuß.

Viele Schwarze arbeiten für Weiße.

Das machen die Schwarzen für die Weißen:

- putzen
- kochen
- auf die Kinder aufpassen

Die Weißen müssen lange auf die Schwarzen warten.

Das ist den Schwarzen egal.

Die Schwarzen fahren trotzdem **nicht** mit dem Bus.

Die Busse bleiben leer

Die Schwarzen fahren also **nicht** mehr mit dem Bus.
Deshalb bleiben die Busse leer.

Die Bus·unternehmer denken:

> Das halten die Schwarzen bestimmt **nicht** lange aus.
> Die Schwarzen fahren sicher bald wieder Bus.
> Und die Schwarzen kaufen wieder Fahr·karten.
> Dann verdienen wir wieder Geld.

Aber die Schwarzen halten das aus.
Die Schwarzen gehen weiter zu Fuß.
Bei jedem Wetter.

Die Schwarzen werden müde.
Trotzdem gehen die Schwarzen zu Fuß.
Die Schwarzen fahren **nicht** mit dem Bus.

Das geht so viele Tage lang.
Und viele Wochen.

Die Frauen von den Weißen

Viele weiße Frauen wollen **nicht** mehr warten:

- auf die Putz·frauen
- auf die Kinder·mädchen
- auf die Köche

Andere weiße Frauen sagen:

Die Schwarzen tun uns leid.
Die müssen so weit laufen.
Aber die Schwarzen machen das richtig:
Vielleicht hört so die Rassen·trennung auf.

Deshalb wollen einige weiße Frauen
den Schwarzen helfen.
Die Frauen haben eine Idee:

Wir holen die Schwarzen mit dem Auto ab.

Das ist verboten.
Die Frauen machen das trotzdem.
Deshalb will man die Frauen ins Gefängnis sperren.

Die Frauen lassen sich das aber **nicht** gefallen.

Die Frauen sagen:

Fahren die Schwarzen **nicht** mit dem Bus?
Dann holen wir die Schwarzen mit dem Auto ab.
Machen unsere Männer die Haus·arbeit?
Dann holen wir die Schwarzen **nicht** mehr ab.

Die Männer wollen aber die Haus·arbeit **nicht** machen.
Und die Schwarzen fahren **nicht** mit dem Bus.

Deshalb holen die Frauen die Schwarzen
wieder mit dem Auto ab.

Zeitungen

Das alles passiert in der Stadt Montgomery.

In den Zeitungen steht:

> Die Schwarzen fahren **nicht** mehr Bus.
> Die Busse in Montgomery bleiben leer.

Das steht in den Zeitungen

- von Montgomery
- in der ganzen Welt

Die Menschen in der ganzen Welt lesen das.

Ein Jahr später

Das dauert ein ganzes Jahr lang:
Die Bus·unternehmen verdienen **kein** Geld mehr.

Dann ändert ein Gericht in Amerika das Gesetz.
Das Gericht heißt: Oberster Gerichts·hof von Amerika.

Die Rassen·trennung in den Bussen ist vorbei:

Schwarze dürfen jetzt vorne einsteigen.
Schwarze dürfen auch vorne sitzen.
Schwarze müssen **nicht** mehr für Weiße aufstehen.

Das wollten die Schwarzen.
Also fahren die Schwarzen wieder Bus.

Auf dem Foto sehen Sie Schwarze und Weiße im Bus.

Die Rassen·trennung im Bus ist vorbei:

Schwarze und Weiße sitzen zusammen im Bus.
Der Schwarze neben dem Weißen
muss **nicht** mehr aufstehen.

Viele Weiße ärgern sich über das neue Gesetz.
Viele Weiße wollen **nicht** neben Schwarzen sitzen.
Deshalb verprügeln manche Weiße die Schwarzen.
Manche Weiße schießen sogar auf die Busse.

Aber die Rassen·trennung in den Bussen ist vorbei.

Die Rassen·trennung soll überall weg

Die Rassen·trennung war aber nur in den Bussen vorbei.

Woanders hat es noch Rassen·trennung gegeben.
Zum Beispiel:

Es hat immer noch Toiletten nur
für Weiße gegeben.
Schwarze durften diese Toiletten **nicht** benutzen.
Schwarze durften nur Toiletten
für Schwarze benutzen.

Deshalb geht die Geschichte noch weiter.
So geht die Geschichte weiter:

Rosa hat Angst

Rosa und die Freunde von Rosa wollten:

Die Rassen·trennung soll überall aufhören.

Die Weißen wollten das aber **nicht**.
Die Weißen haben Rosa deshalb schlecht behandelt.
Zum Beispiel:

- Man hat Rosa die Arbeit weggenommen.
- Die Weißen haben Rosa beschimpft.
- Manche Weiße haben sogar gesagt:
  Wir bringen dich um.

Da hat Rosa Angst bekommen.
Und Rosa wollte weg von der Stadt Montgomery.
Deshalb ist Rosa in eine andere Stadt gezogen.
Die Familie von Rosa ist mitgekommen.
Der Name von der neuen Stadt war **Detroit**.

Das spricht man so: **Di-treut**.

Rechts sehen Sie die Landkarte von Amerika.
Darunter sehen Sie einen Teil von der Land·karte größer.
Dort sehen Sie die Städte

- Montgomery
- Detroit.

Die Land·karte von Amerika

Montgomery und Detroit auf der Land·karte von Amerika

Rosa macht weiter

In Detroit hat Rosa neue Freunde gefunden.

Das wollten Rosa und die neuen Freunde von Rosa:

> Die Rassen·trennung soll überall aufhören.
> Alle sollen überall die gleichen Rechte haben.
> Dafür soll die Regierung die Gesetze ändern.

Deshalb haben die Schwarzen Plakate gemacht.
Auf den Plakaten hat gestanden:

Die Schwarzen sind mit den Plakaten
auf die Straße gegangen.

Auf dem Foto rechts sehen Sie Schwarze mit Plakaten.

Schwarze mit Plakaten

Rosa ist eine Bürger·rechtlerin

Rosa wollte gleiche Rechte für alle.
Deshalb nennt man Rosa eine Bürger·rechtlerin.
Denn Rosa war ja Bürgerin von Amerika.

Bürger sein heißt:

Haben Sie einen Pass von Amerika?
Dann sind Sie Bürger von Amerika.
Und dann haben Sie Rechte.
Man nennt diese Rechte: Bürger·rechte.

Die Weißen hatten einen Pass von Amerika.
Deshalb waren die Weißen Bürger von Amerika.

Die Schwarzen hatten auch einen Pass von Amerika.
Deshalb waren die Schwarzen auch Bürger von Amerika.

Rosa wollte:

Man soll alle Bürger gleich behandeln.

Die Haut·farbe ist egal.

Erst wollten die Weißen das **nicht**.
Aber dann hat die Regierung die Gesetze geändert.
Das hat viele Jahre gedauert.

Laut Gesetz ist jetzt die Rassen·trennung vorbei.
Schwarze und Weiße haben die gleichen Rechte.

Rosa hat viel dafür getan.
Man sagt dazu: Rosa hat dafür gekämpft.

Rosa bekommt Medaillen

Rosa hat für die Rechte von den Schwarzen gekämpft.

Rosa hat dafür **Medaillen** bekommen.
Das spricht man so: **Me-dal-jen**.

Auf dem Foto rechts sehen Sie die **Medaillen**.

Die Medaillen von Rosa

Rosa hat die Medaillen vom Präsidenten bekommen.

Der Name von dem Präsidenten war Bill **Clinton**.
Das spricht man so: **Klin-tn**.

Bill Clinton war der Präsident von Amerika.
Das war eine Ehre für Rosa.
Rosa hat viel für die Schwarzen getan.
Und Rosa konnte stolz darauf sein.

Auf dem Foto rechts sehen Sie Rosa und Präsident Clinton.

Rosa und Präsident Clinton

Rosa ist berühmt

Rosa ist sehr alt geworden.
Im Jahr 2005 ist Rosa gestorben.
Da war Rosa 92 Jahre alt.

Rosa ist berühmt geworden.
So wird man berühmt:

> Hat man etwas Besonderes getan?
> Dann erzählen alle davon.
> Und dann wird man berühmt.

Es gibt sogar Schulen mit dem Namen von Rosa.
Zum Beispiel:

- Rosa-Parks-Schule in Hannover
- Rosa-Parks-Grund·schule in Berlin

Der Bus von Rosa steht in einem Museum in Amerika.
In diesem Bus ist Rosa sitzen geblieben.
Mit dem Bus hat alles angefangen.
Auf dem Foto rechts sehen Sie den Bus.

Der Bus von Rosa im Museum

Hier ist die Geschichte von Rosa Parks zu Ende.

Mutig sein

Das war die Geschichte von Rosa Parks.
Das war auch eine Geschichte über Menschen·rechte.

Alle Menschen haben die gleichen Rechte.
Das ist heute **nicht** nur in Amerika so.
Das ist auf der ganzen Welt so.

Aber die Menschen beachten das **nicht** immer:
Dann haben manche Menschen Vorteile.
Und manche Menschen haben Nachteile.

Das ist manchmal auch in Deutschland so.
Zum Beispiel:

Jemand hat eine Behinderung.
Der Mensch fährt im Rollstuhl.
Der Mensch will zum Beispiel

- mit dem Bus fahren
- einen Arzt besuchen
- ein Museum besuchen

Gibt es dort **keine** Rampen für Rollstuhl·fahrer?
Dann kommt der Mensch

- **nicht** in den Bus
- **nicht** zu dem Arzt
- **nicht** ins Museum

Das ist **nicht** gerecht.
Das ist **Un**·recht.
Und das ist ein Nachteil.

Alle Menschen haben die gleichen Rechte.
Zum Beispiel:

- Menschen **ohne** Behinderung
- Menschen mit Behinderung

Zum Beispiel haben alle das Recht

- mit dem Bus zu fahren
- einen Arzt zu besuchen
- ein Museum zu besuchen

Der Mensch mit Behinderung muss
zum Beispiel sagen:

Das Museum muss eine Rampe bauen.
Ich möchte auch das Museum besuchen.
Das ist mein Recht.

Deshalb brauchen wir Menschen mit Mut wie Rosa.
Mutige Menschen.
Auf dem Foto rechts sehen Sie Rosa noch mal.

Rosa hat gesagt:

Wir Menschen haben alle die gleichen Rechte.

Und Rosa hat dafür gekämpft.

Aber Rosa hat das **nicht** alleine gemacht.
Rosa hatte Freunde.
Alle zusammen haben das geschafft.

Seien Sie mutig.
Kämpfen Sie für Ihre Rechte.
Und kämpfen Sie für die Rechte von allen Menschen.

Rosa Parks: eine Frau mit Mut

Wer hat das Buch gemacht?

Wer hat den Text geschrieben?
Bettina Mikhail hat den Text geschrieben.

Wer hat das Buch gestaltet?
Und wer hat die Bilder gezeichnet?
Martin Markwort hat das Buch gestaltet.
Martin Markwort hat auch die Bilder gezeichnet.

Bettina Mikhail und Martin Markwort arbeiten
im Verbund Leichte Sprache Braunschweig.
Mehr Informationen dazu gibt es im Internet.

Die Internet·adresse ist:
www.verbund-leichte-sprache.de

Verbund Leichte Sprache Braunschweig

Wer hat das Hör·buch gesprochen?

Andreas Jäger hat das Hör·buch gesprochen.
Mehr Informationen dazu gibt es im Internet.
Die Internet·adresse ist:
www.andreas-jaeger.de

Wer hat die Geschichte von Rosa Parks geprüft?

Irmtrud Wojak hat die Geschichte geprüft.
Die Geschichte von Rosa war damals wirklich so.
Irmtrud Wojak ist die Chefin von der Buxus Stiftung.
Mehr Informationen dazu gibt es im Internet.

Die Internet·adresse ist:
www.buxus-stiftung.de BUXUS® STIFTUNG

Was ist die Buxus Stiftung?

Das lesen Sie auf Seite 78.

Wer hat den Text geprüft?

Adriano Velardo hat den Text geprüft:

Man kann den Text gut verstehen.

Woher sind die Fotos?

Die Fotos sind von einer Foto·agentur.

Bei einer Foto·agentur kann man Fotos kaufen.

Mehr Informationen dazu gibt es im Internet.

Die Internet·adresse ist:

www.picture-alliance.com

Woher ist das Zeichen für Leichte Sprache?

Das Zeichen für Leichte Sprache ist von der

Forschungs·stelle Leichte Sprache Hildesheim.

Das Zeichen hat Martin Markwort gestaltet.

Mehr Informationen dazu gibt es im Internet.

Die Internet·adresse ist:

www.uni-hildesheim.de/leichtesprache/

Leichte Sprache

Wer hatte die Idee für das Buch in Leichter Sprache?

Hans-Peter Koch hatte die Idee.
Hans-Peter Koch ist ehrenamtliches Vorstands·mitglied
im Verein Lebenshilfe Braunschweig.

Wo hat Hans-Peter Koch
die Geschichte von Rosa Parks gefunden?

Die Geschichte steht in einem Buch.
Das Buch ist **nicht** in Leichter Sprache.
So heißt das Buch:

> Rolf-Bernhard Essig: Wann ist ein Held ein Held?
> Carl Hanser Verlag München 2010,
> ISBN 978-3-446-23481-9

Die Autorin

Mein Name ist Bettina Mikhail.
Ich bin die Autorin von diesem Buch.
Das heißt:
Ich habe das Buch geschrieben.

Ich wohne in Braunschweig.
Und ich arbeite in Braunschweig.

Ich bin Über·setzerin

- für Französisch
- für Englisch
- für Leichte Sprache

Das habe ich an der Universität in Hildesheim gelernt.

Leichte Sprache

Texte sind oft schwer zu lesen.
Viele Menschen können **nicht** gut lesen.
Leichte Sprache kann da helfen.

Leichte Sprache ist wie ein Schlüssel für eine Tür.
Passt der Schlüssel?
Dann geht die Tür auf.
Und man kann in die Welt hinausgehen.

Kann man den Text gut lesen?
Dann öffnet der Text die Tür in eine neue Welt.

Alle Menschen haben ein Recht auf Information.
Und alle Menschen haben ein Recht auf Bildung.
Leichte Sprache ist gut für

- Information
- Bildung
- Selbst·ständigkeit

Rosa Parks

Die Geschichte von Rosa Parks ist sehr berühmt.
Rosa Parks war eine Frau mit Mut.
Es gibt schon viele Bücher über Rosa Parks.
Die meisten Bücher sind auf Englisch.
Jetzt gibt es auch ein Buch in Leichter Sprache.
Darüber freue ich mich sehr.

Viele haben mir bei der Arbeit am Buch geholfen.

Herzlichen Dank an

- Irmtrud Wojak
- Martin Markwort
- Andreas Jäger
- Adriano Velardo
- Astrid Ludwig
- Hans-Peter Koch
- Fritz Bauer Freundes·kreis Braunschweig

Hat Ihnen das Buch gefallen?

Dann können Sie mir schreiben.

Die E-Mail-Adresse ist:

mikhail@verbund-leichte-sprache.de

Sie können auch an Irmtrud Wojak schreiben.

Irmtrud Wojak ist die Chefin von der Buxus Stiftung.

Die E-Mail-Adresse ist:

irmtrud.wojak@buxus-stiftung.de

Was ist die Buxus Stiftung?

Das lesen Sie auf der nächsten Seite.

Die Buxus Stiftung

Die Buxus Stiftung ist so ähnlich wie ein Verein.
Irmtrud Wojak sagt:

> Wir müssen die Menschen·rechte beachten.
> Nur dann können alle gut leben.

Viele Menschen haben für die Menschen·rechte gekämpft.
Wer waren die Menschen?
Wie haben die Menschen gelebt?
Die Buxus Stiftung will die Geschichten erforschen.
Und die Geschichten erzählen.

Die Buxus Stiftung macht noch viel mehr.
Informationen dazu gibt es im Internet.

Die Internet·adresse ist:
www.buxus-stiftung.de BUXUS® STIFTUNG

So können Sie das Hör·buch hören

Sie können das Hör·buch über das Internet hören.

So kommen Sie zum Hör·buch:

- Gehen Sie auf diese Internet·seite:
  http://leichte-sprache.buxus-edition.de

- Geben Sie dieses Pass·wort ein: rosa2018bx

- Klicken Sie zum Start auf den Pfeil. ▶
  Dann startet das Hör·buch.
  Danach können Sie jedes Kapitel einzeln wählen.

Start ▶ 00:00 9.

8. Bus·fahren. Im Buch auf Seite 10 bis 11

wählen 9. Menschen·rechte. Im Buch auf Seite 12 bis 13

10. ...

Möchten Sie gleichzeitig in das Buch sehen?
Dann können Sie jedes Kapitel mitlesen.
Und Sie können die Bilder dabei ansehen.

Bildnachweise

Seite 2 Rosa Parks als ältere Frau
© picture alliance / AP Photo / MICHALEL J. SAMOJEDEN

Seite 15 Rosa als junge Frau
© picture alliance / PictureLux / The Hollywood Archive / um 1955

Seite 19 Europa und Amerika auf der Landkarte
© Zeichnung / Martin Markwort / 2017

Seite 21 Amerika und Afrika auf der Landkarte
© Zeichnung / Martin Markwort / 2017

Seite 23 Menschen aus Afrika auf einem Schiff
© picture-alliance / dpa

Seite 31 Die Sitzplätze im Bus
© Zeichnung / Martin Markwort / 2017

Seite 33 Rosa in einem Bus
© picture alliance / United Archives/WHA / 1956

Seite 37 Ein Bus in der Stadt Montgomery
© picture alliance / AP Photo / Horace Cort / 1956

Seite 41 Rosa im Gefängnis mit einem Polizisten
© picture alliance / Courtesy Everett Collection / 1955

Seite 51 Schwarze und Weiße in einem Bus
© picture alliance / ASSOCIATED PRESS/ 1956

Seite 55 Die Landkarte von Amerika / Montgomery u. Detroit auf der Landkarte
© Zeichnung / Martin Markwort / 2017

Seite 57 Schwarze mit Plakaten
© picture-alliance / akg-images / 1963

Seite 61 Die Medailien von Rosa
© picture alliance / AP Photo / Richard Drew / 2014

Seite 63 Rosa und Präsident Clinton
© picture alliance / AP Photo / JOE MARQUETTE / 1996

Seite 65 Der Bus von Rosa im Museum
© picture alliance / AP Photo / PAUL SANCYA / 2015

Seite 69 Rosa Parks: eine Frau mit Mut
© picture alliance / AP Photo / PAUL SANCYA / 1999

Seite 74 Portraitfoto von Bettina Mikhail
© Foto / Sophie Mikhail / 2017